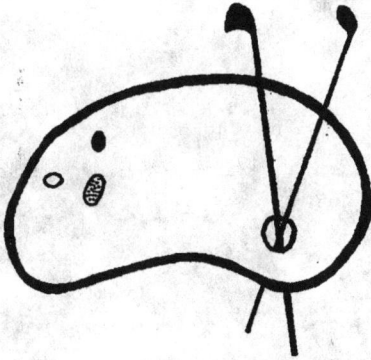

DEBUT D'UNE SERIE DE DOCUMENTS
EN COULEUR

JULES CAUVIÈRE

LE « BON JUGE »

ÉTUDE

DE

MŒURS CONTEMPORAINES

PARIS

P. LETHIELLEUX, Libraire-Éditeur

10, Rue Cassette, 10

1907

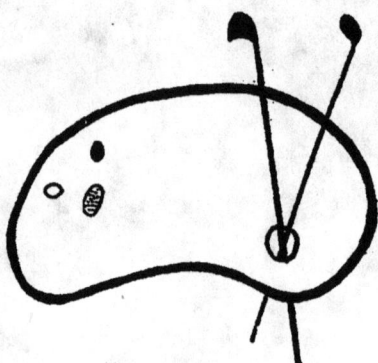

FIN D'UNE SERIE DE DOCUMENTS
EN COULEUR

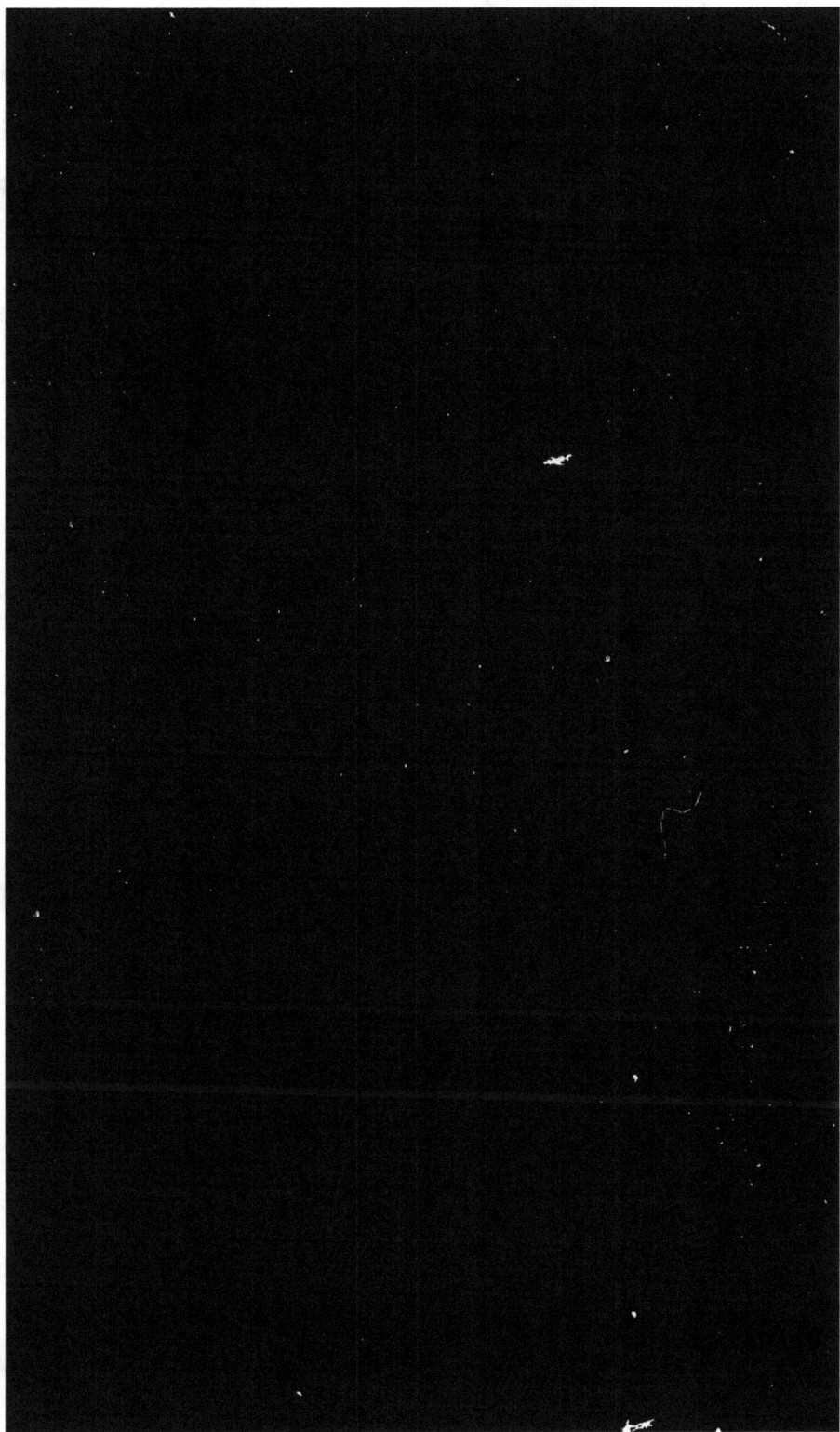

JULES CAUVIÈRE

LE « BON JUGE »

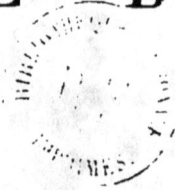

ÉTUDE

DE

MOEURS CONTEMPORAINES

PARIS

P. LETHIELLEUX, Libraire-Éditeur

10, Rue Cassette, 10

1907

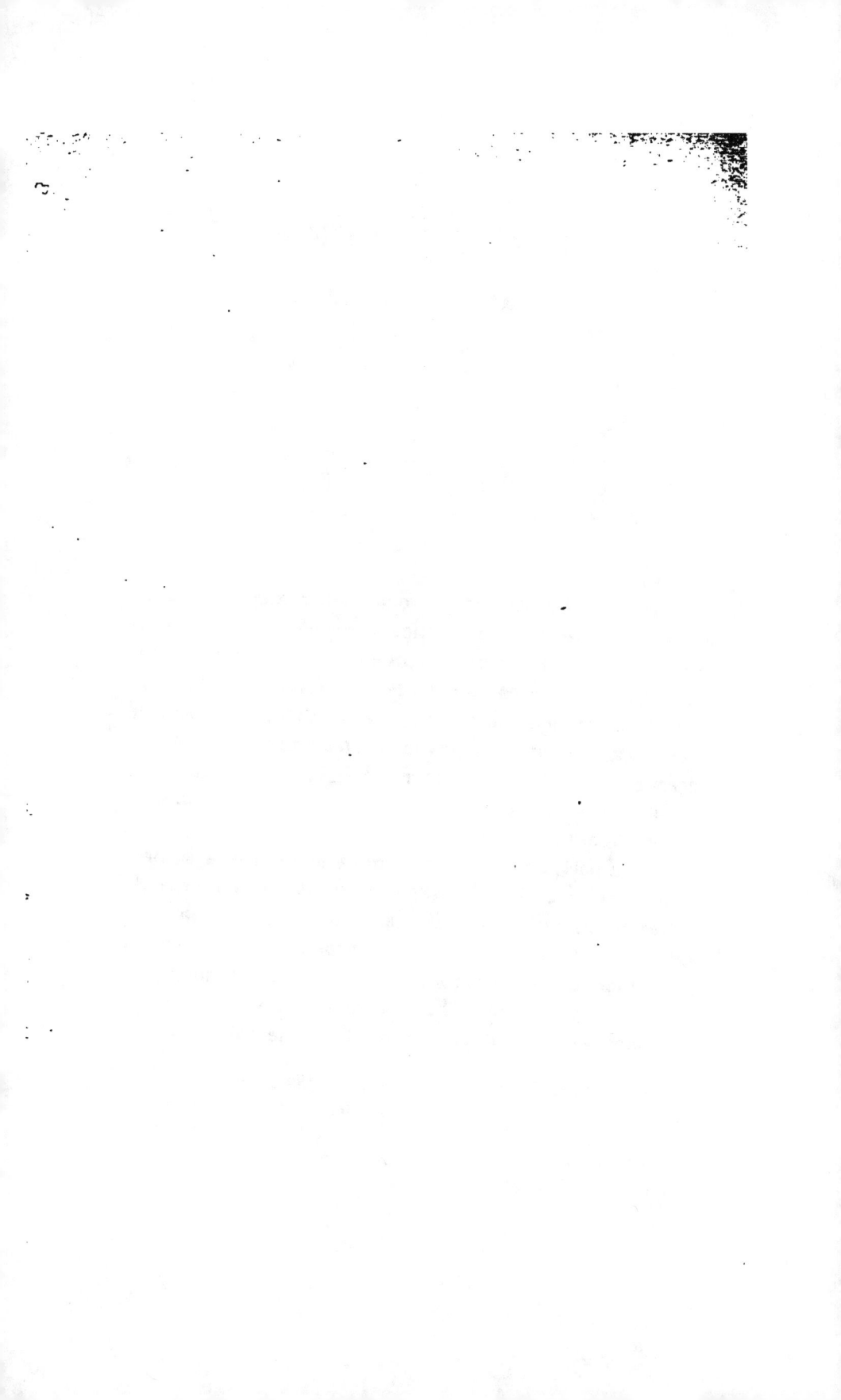

LE « BON JUGE »

ÉTUDE DE MŒURS CONTEMPORAINES

« Les juges seront jugés. »
Michelet).

Exergue de la *France devant
l'Europe*.

I

Dans un *Dictionnaire national des contemporains* en cours de publication, une notice biographique placée sous le nom de Magnaud nous apprend que ce magistrat fut « à plusieurs reprises l'objet des sollicitations d'électeurs pour un siège législatif et qu'il a toujours refusé d'accepter aucune candidature ». Dans le *satisfecit* qu'il s'est naguère décerné à lui-même, M. Magnaud se vantait pareillement d'avoir refusé plus d'une douzaine de fois d'être candidat aux élections[1].

D'autre part, un thuriféraire, qui n'en est pas à sa première apologie de l'ancien Président du tribunal de Château-Thierry, nous dit, dans un volume de date encore récente[2], que M. Monis, garde des sceaux, voulut le nommer juge à Paris : « Le Président refusa pour garder son indépendance ». Et cependant « il occupe le siège de Château-Thierry depuis dix-sept ans bientôt »[3].

1. Séance de la Chambre du 28 décembre 1906, J. off. du 29.
2. Henry Leyret, *Les nouveaux jugements du président Magnaud*. Avec un portrait du président Magnaud (*sic*); 1 vol. in-18. Reinwald-Schleicher frères et Cⁱᵉ, 1904, 266 p.
3. V. p. 30. Cela était écrit il y a trois ans.

La fable du *Renard et des raisins* expliquerait peut-
être ce que l'on nous donne pour une exemption complète de
vues ambitieuses. Il se peut que M. Magnaud ait rencontré,
à Paris, une levée de boucliers analogue à celle qui
l'empêcha de devenir Président à Reims, ville inféo-
dée pourtant à M. Bourgeois. Mais, si tant est que les
ambitions judiciaires du magistrat soient restées modestes,
ses aspirations politiques ont pris de l'essor. Il s'est laissé
faire violence par les électeurs : il a quitté le tribunal pour
la tribune. Il est aujourd'hui député du ive arrondisse-
ment de Paris.

De ce député nous nous occuperions peu, pas plus du
reste que de la majorité de ses collègues, si nous ne regar-
dions qu'au mérite. Mais les plus médiocres des hommes ne
sont pas les moins malfaisants. On l'a vu sous la Terreur,
on le voit encore.

Le 28 décembre dernier, le nouveau représentant dépo-
sait une proposition de loi sur la « réorganisation judiciaire ». Il développait en même temps une interpella-
tion « sur les mesures, disait-il, que le garde des sceaux
compte prendre pour réorganiser la Magistrature et en
réformer l'esprit dans le sens de l'équité et de l'humanité »[1].

Un échantillon de son éloquence nous a été conservé
par Edouard Drumont (*Libre parole* du 6 janvier 1907) :
« Dans l'organisation que je propose, la Magistrature
deviendra irrespirable pour les non-valeurs dangereuses et
rapaces ».

La phrase a disparu du compte-rendu officiel, mais on y
trouve encore des perles : « Je me suis jeté *tête baissée*
sur les vieilles routines et ne me suis pas évertué à cou-
per en quatre *les cheveux* de la Loi ». Ces deux têtes,
la *tête baissée* du Président à côté de celle de la Loi dont

1. Séance du 28 décembre 1906. J. off. du 29.

il taille la chevelure, sont d'un effet oratoire imprévu. Les deux têtes, la Loi et M. Magnaud, ne sont pas, on le sait, dans le même bonnet.

L'accueil fait à la parole du député ne l'empêchera pas, elle lui suggérera, au contraire, de demander à se retirer dans la Magistrature assise. Il y reprendra le rôle de Pontife que cet *anti-clérical* prétendait jouer. *Jus est ars boni et æqui, cujus merito quis nos sacerdotes appellet*, disait Ulpien. La place de M. Magnaud dans un siège important paraît aux hommes du jour tout indiquée. Déjà M. Louis Martin, député du Var, s'était plaint du défaut d'avancement du digne Président [1].

Aux perspectives que nous venons de signaler s'ajoute une autre menace. M. Magnaud est un franc-maçon de marque [2], et l'on sait ce que la secte exige et obtient, aujourd'hui, de ses adeptes. Elle mettra certainement à profit le crédit que, à grand renfort de réclames, elle a réussi à procurer à son protégé, le renom de philanthropie qui s'attache à son nom, le courant de faveur qu'elle a créé autour de ses idées. Les étrangers eux-mêmes ont été les complices ou les dupes de cette manœuvre. Un juge du tribunal de Campobasso, en Italie, M. Raffaelo Majotti, a traduit et annoté les *Jugements du Président Magnaud réunis et commentés* [3]. Un de ses compatriotes, M. Lino Ferriani, leur a donné son

1. V. *Revue pénitentiaire* de novembre-décembre 1905, p. 1339.
2. *Bullet. hebdom. des travaux de la Franc-Maçonnerie,* 5 avril 1901. Cf. *La France maçonnique,* citée dans la *Franc-maçonnerie démasquée* du 10 août 1906, p. 233. Voir aussi la lettre de M. Magnaud dans la *Revue maçonnique,* septembre-octobre 1906, n° 169.
3. Sous ce titre, en français, avait paru un premier ouvrage publié par M. Henry Leyret (Stock, édit., 1900). Une verte et cependant trop indulgente critique en a été faite par un *Ancien magistrat,* dans le *Correspondant* du 25 mars 1901, p. 1021.

approbation dans de nombreux articles [1]. Ces aberrations rappellent le mot de Louis Veuillot. « Un *malade* vient de recueillir les *Pensées* de M. Emile de Girardin. ».

Ce n'est pas tout. Que l'on consulte les suffrages que M. Magnaud s'est vanté, à la Chambre, d'avoir recueillis (discours du 28 décembre), on sera étourdi de l'énumération. Il cite le Congrès radical-socialiste le complimentant, par la voix de M. Léon Bourgeois, en 1901, un Congrès de Lyon qui l'encense de même, en 1902, une lettre (il n'en dit pas la date) de M. Lejeune, un des chefs des Catholiques belges, une autre de l'abbé Hébert, un ordre du jour des mineurs de Montceau-les-Mines, une convocation flatteuse et un toast en son honneur dont il est redevable à M. Lombroso, organisateur du 6e Congrès international d'anthropologie criminelle. Il n'est pas jusqu'à Eugène Carrière dont l'approbation ne lui paraisse une autorité bonne à invoquer.

Les illusions adroitement entretenues sur le compte de M. Magnaud, proposé partout comme un modèle et loué dans les Chambres françaises, parfois de la bouche du Garde des Sceaux, risquent de devenir un danger public. Les dissiper est donc un devoir. Nous le ferons, autant qu'il se peut, sans fouiller dans la vie privée du personnage ; nous n'en avons cure. Nous ne consulterons pas, selon la mode des chroniqueurs, ses antécédents de collège [2]. Nous le jugerons d'après ses actes et en prenant généralement pour garant un témoin qu'il ne récusera pas, l'auteur des deux livres destinés à le glorifier dans notre pays, M. Leyret.

Nous agirons *sine ira et studio*, ne connaissant ni ne voulant connaître l'homme. Et cependant il serait per-

1. V. p. 31, note 1, *Les nouveaux jugements du Président*, etc., qui se réclament de cette approbation.

2. Bornons-nous à dire que le *Réveil français* du 16 mars 1899 le signale comme un « ancien élève des Jésuites ».

mis de ne pas garder son sang-froid en présence des répertoires où sont colligées et vantées ses décisions. Tout et tous, pourvu qu'ils soient respectables, sont insultés ou par M. Magnaud ou par son caudataire. Les honorables conseillers de la Cour d'Amiens, qui ont eu la tâche ingrate de recevoir les innombrables appels dont les jugements de Château-Thierry étaient frappés et qui rectifiaient consciencieusement tant d'énormites juridiques, soulèvent surtout la bile du biographe : « Quant à l'équité, Messieurs d'Amiens s'en lavent les mains : elle n'a rien à voir avec leur droit, ni surtout avec leur avancement ». Puis : « Cet arrêt de la Cour d'appel constitue une iniquité révoltante. Sans doute la Cour d'Amiens n'en est pas à une iniquité près, et, en vérité, on ne s'attarderait pas à les relever si l'intérêt public n'était en jeu [1] ».

Dans les sentences du tribunal sont bafouées les Sociétés d'assurances :

« Attendu... que demander, il est vrai, de l'humanité aux compagnies d'assurances, qui, sans se préoccuper des infortunes d'autrui, ne songent qu'à grossir les dividendes de leurs actionnaires, constitue une naïveté sans égale [2] ».

Même ton et même langage à l'égard de la Compagnie des chemins de fer de l'État [3], des représentants du capitalisme [4], de la vieille Aristocratie [5], de la Magistrature en corps [6], de sa jurisprudence [7], et surtout à l'égard des éta-

---

1. V. p. 131, *Les nouveaux jugements*, etc.
2. V. p. 131, *ibid*. Jugement du 23 octobre 1900.
3. V. p. 186, audience du 23 janvier 1902.
4. V. p. 175, audience du 11 septembre 1903.
5. *Ibid*.
6. V. p. 163 notamment.
7. V. p. 180. Il faut lire, p. 177, la plate diatribe dirigée contre les juges qui ont ménagé, dans leurs décisions, les congréganistes cités à leur barre.

blissements congréganistes, « ces organisations d'asservisse-- ment », dit un jugement du 11 septembre 1905 [1], dans le style des orateurs d'estaminet.

Voyons enfin ce qui est dit des Religieux, que la persécution rend plus chers aux nobles âmes. Pour ces derniers, M. Magnaud ne se borne pas à rappeler méchamment des faits indifférents pour l'affaire, mais humiliants pour les prévenus, tels que des échecs successifs dans la recherche d'un diplôme : il sort de la cause et fait un procès de tendance à des tiers. « Attendu que cet état persistant de révolte de la part du prévenu et de ses subordonnés indique à quel point la congrégation religieuse, cependant autorisée, à laquelle ils appartiennent, leur a inculqué le mépris de la loi [2] ».

D'ailleurs la malice du « bon juge », ses basses rancunes, son orgueilleuse susceptibilité ne font pas de doute pour un franc-maçon son confrère [3]. Ces gens-là se connaissent entre eux.

Le *Correspondant* [4] cite un fait qui confirme notre appréciation. En se déclarant incompétent sur la poursuite en diffamation intentée par un curé de paroisse à un journal aimé du Président, celui-ci sentait bien qu'il accordait seulement une demi-satisfaction au journaliste et qu'il n'infligeait qu'un déboire momentané à l'ecclésiastique poursuivant. Aussi a-t-il fraudé. Il a reproduit tout au long la diffamation dans ses *Attendus* et lui a donné de la sorte un surcroît illimité de publicité. Cependant un usage imposé par les plus strictes convenances veut, en pareil cas, que l'on vise l'article incriminé en indiquant simplement la date, puis les premiers et derniers mots. Cet acte

1. Cité p. 175.
2. Jugement du 22 mars 1901, pp. 163-164. *ibid*. V. aussi p. 175.
3. V. *La Revue maçonnique* d'août 1906, p. 141 s., article signé L. M. (Minot).
4. Livraison susdite, p. 1107.

de lâche et venimeuse cruauté, accompli sous le couvert de l'immunité judiciaire habituelle, méritait la prise à partie. Il est regrettable que l'on n'y ait pas recouru. La Cour d'Amiens, qui connaît son homme, aurait vraisemblablement mis à la raison le chef de bande transformé en juge.

Nous pourrions fatiguer le lecteur en déroulant la série à peu près ininterrompue des grossièretés agressives que contiennent les jugements de Château-Thierry et les commentaires dont ils sont accompagnés Mais, en réalité, y a-t-il en cette affaire, deux hommes, M. Magnaud et son biographe, occupés chacun de son côté à exprimer une opinion personnelle ? Est-ce que ces deux hommes n'en font pas un seul et n'ont-ils pas collaboré au livre de M. Leyret ? Le doute est permis à cet égard. Entre le héros et son admirateur il y a des concordances de style qui frappent. Le mot *stupide* revient constamment sous leur plume pour caractériser des opinions qui diffèrent simplement des leurs. Nous montrerons bientôt combien ces messieurs sont fondés à le prendre de haut avec la valeur intellectuelle de leurs contradicteurs et quelle autorité scientifique s'attache à leurs tranchantes affirmations.

« Sophisme basé un joli barbarisme !, sur une *stupide* interprétation de la loi », dit le biographe [1].

« Les préjugés *stupides* et odieux dont sont victimes, la plupart du temps, les enfants non qualifiés légitimes », ainsi parle le magistrat [2].

On lit dans les jugements :

« La *stupide* et cruelle réprobation dont, en général, sont l'objet les filles-mères [3] ».

1. P. 197.
2. Jugement du 26 juin 1902, p. 124.
3. Jugement du 24 août 1900, p. 78.

« Etant donné les *stupides* préjugés sociaux [1] ».

« Les *stupides* préjugés de la Société actuelle [2] ».

C'est vraisemblablement ce riche vocabulaire, cette fleur d'urbanité, autant que la doctrine de M. Magnaud, qui ont déterminé l'âme délicate de M. Clémenceau à baptiser, le premier, le président du nom de « bon juge ». Celui-ci l'a dit d'ailleurs à la Chambre : « Je n'ai pas oublié non plus que M. le Président du Conseil est le premier qui m'ait décerné l'épithète de « bon juge ». C'est lui qui a bien voulu me donner ce surnom, qu'on me conserve même et dont je suis extrêmement fier [3] ».

II

Le point de départ de la popularité du « bon juge » a été l'acquittement d'une miséreuse qui s'était approprié le bien d'autrui [4]. Non seulement le livre récent revient sur sur ce fait, mais il se réfère aux pages précédemment publiées pour glorifier la jurisprudence compatissante du tribunal de Château-Thierry [5]. Comment un vulgaire sen-

1. Jugement du 18 mars 1902, p. 95.
2. Jugement du 5 février 1903, p. 43.
3. Cf. l'article de M. Minot, dans la *Revue maçonnique*, p. 141 s.
4. C'est le jugement relaxant la fille-mère, Louise Ménard (8 mars 1898). Un débat fut soulevé, à cette occasion, à la Chambre (séance du 21 mars, même année. Qu'y a-t-il d'exact dans le propos que rapporte la *Libre Parole* du 15 juillet 1906 article signé A. B. : « On m'a affirmé, à Château-Thierry, que la bénéficiaire du jugement d'acquittement avait été autrefois la femme de ménage de M. Magnaud, quand celui-ci était célibataire? »
5. Cette glorification est de mode dans le parti auquel M. Magnaud appartient, — pour le moment. N'empêche que le jour où Mgr Favier, évêque de Pékin, fit, au profit des chrétiens affamés, des réquisitions fondées sur les mêmes considérations de Droit naturel, et cela en réservant une restitution à opérer plus tard sur l'indemnité de guerre (V. *Vérité française* du 3 janvier 1901), il s'est trouvé des

timent de probité historique n'a-t-il pas déterminé le com-
mentateur à rappeler les origines chrétiennes de cette jurisprudence ? Il doit savoir que les théologiens, et en particulier
les moines, si brutalement attaqués dans son ouvrage,
se sont levés plus matin que lui, que M. Magnaud [1],
que Victor Hugo, créateur du personnage de Jean Val-
jean, pour affirmer le droit à l'existence chez les affamés
qui s'approprient une miche de pain, chez les nécessiteux
de toute sorte qui prennent, à un moment donné, le
secours placé à portée de leur main. Les interprètes de la
pensée chrétienne, depuis saint Thomas [2] jusqu'à l'abbé
Carrière [3] et au cardinal d'Annibale [4], consacrent de
longues pages à justifier de toute faute l'atteinte portée à
la propriété individuelle en pareil cas [5]. Le Droit canonique surabonde de documents en ce sens émanés des
Papes [6].

Ce n'est pas résoudre un point d'histoire, c'est éluder la

députés pour protester, au nom du droit de propriété. M. l'abbé
Lemire, dans la séance du 28 décembre 1900, leur a pertinemment
répondu.

1. A la suite d'une pétition du Président, une proposition de loi a
été déposée par M. Millerand, le 22 mars 1898, pour modifier l'article 64 du Code pénal.

2. V. Sᵃ Sᵃ, q. 66, art. 7 notamment.

3. *Prælectionum theologicarum compendium*, nº 302. Paris, 1840.

4. *Summula theologiae moralis*. Pars II, nº 260 s., éd. 2ᵉ Milan,
1882.

5. Dans quelles conditions, sous quelles réserves pleines de prudence, nous pensons l'avoir exactement et consciencieusement rap-
pelé dans une discussion rapportée par la *Revue pénitentiaire*, à
laquelle nous demandons la permission de renvoyer (livraison de
Janvier 1901, p. 76). Dans notre Code, l'article 64 et la cause de non-
imputabilité tirée de la contrainte morale permettent, à la rigueur, de
relaxer le prétendu coupable.

6. Citons, outre la décision bien connue d'Innocent XI, la
C. *Exiit, Nec quidquam*, De V. S., VI, du pape Nicolas III, 1278,
bulle promulguée au sujet du vœu de pauvreté des Frères Mineurs.

difficulté que de répondre comme l'a fait M. Magnaud, à la Chambre. M. l'abbé Gayraud lui disait: « Des prêtres vous ont félicité de vous être inspiré, dans vos jugements, de saint Thomas d'Aquin ». M. Magnaud répondit : « Je me suis inspiré de principes d'une saine morale d'humanité et de justice, manifestés bien avant saint Thomas d'Aquin. »

Il aurait pu tout aussi bien citer un texte du Droit romain remontant à Paul, c'est-à-dire au IIIe siècle [1], et disant des *cibaria* qui se trouvent à bord d'un navire en détresse : *Si quando defecerint in navigationem, quod quisque haberet in commune conferret.* La question n'est pas de savoir si l'on a connu la pitié et l'humanité à toute époque, mais si ce n'est pas le Droit canonique, saint Thomas, les décisions pontificales qui ont découvert la formule propre à édifier la conscience du juge et à absoudre le meurt-de-faim qui sauve sa vie en mettant la chose d'autrui à contribution. Si le juge de Château-Thierry a, au début, recueilli certaines approbations flatteuses de la bouche même de catholiques, c'est que ceux-ci ont reconnu dans sa thèse l'expression à peu près adéquate de la doctrine ecclésiastique. C'est là ce qui lui a valu le suffrage de M. Lejeune en Belgique [2], celui de M. Ambroise Rendu a Paris, celui du journal l'*Univers* [3] (il pourrait ajouter celui de la *Libre parole*).

C'est se moquer, c'est aller au rebours des faits que de représenter, dans ces questions, deux maîtres de l'enseignement officiel du Droit comme disposés à réaliser le programme révolutionnaire, consistant à « établir l'harmonie des lois pénales avec les lois sociales », à « s'émanciper de la tutelle théologique [4] ». La théologie, le Droit canon ont.

---

1. C'est la loi 2, § 2, *Dig. De lege Rhodia de jactu*, 14, 2. L'art. 419 de notre Code de commerce s'inspire de cette tradition.
2. V. p. 1, note 1, *Les Nouveaux jugements*, etc.
3. V. p. 24, n. 1.
4. Ces affirmations sont aux pages 19 et 20.

frayé la voie, nous l'avons vu, à M. Magnaud, de qui son biographe reconnaît lui-même qu'il n'a pas « le premier » formulé son système. « Son mérite est plus grand, ajoute-t-il : il a eu, *le premier*, lui, tout petit juge, l'audace de s'y conformer en actes. » Ici encore il faut admirer les analogies de langage chez le « bon juge » et chez son apologiste. Le premier dit, à la Chambre, qu'il n'a pas inventé l'équité ni la miséricorde (modestie bien justifiée) ; mais, ajoute-t-il : « J'ai eu peut-être un mérite, c'est de prendre l'initiative d'en faire l'application dans nos tribunaux français. »

Si les téméraires auteurs de ces allégations traitaient le passé avec moins de dédain, ils connaîtraient ou ils reconnaîtraient la pratique séculaire des Papes dans leurs États [1], les réserves charitables faites dans nos vieux coutumiers, les privilèges de glanage qui constituent une tradition biblique [2].

En juin 1741, le pape Benoît XIV allait prendre l'air à Castel-Gandolfo. Beaucoup de pauvres vinrent se plaindre à lui de ce que plusieurs propriétaires les empêchaient de glaner après la moisson et réservaient la glane à leur bétail. Le Pape prit en main la cause des pauvres, qui est celle de Dieu, et il publia deux Encycliques (le 22 mai 1742 et le 17 mai 1751), rappelant, dans la première, la loi de Moïse, ordonnant, dans la seconde (car la première n'avait pas été suffisamment observée), qu'on laissât les pauvres glaner dans les États de l'Église pendant dix jours après l'enlèvement des gerbes. La sanction était une amende de trente écus à distribuer entre les indigents de la localité [3].

1. Un témoin qui n'est pas suspect, Edmond About, dit, dans *Rome contemporaine*, p. 258, éd. Hetzel : « La loi, ou du moins l'usage, permet au pauvre de voler un pain dans la corbeille du boulanger. »

2. V. *Deuter.* XXIII, 24, 25 ; XXIV, 19 à 22 ; *Levit.* XIX, 9 et 10 ; *Ruth*, II, 2 et s.

3. V. Rohrbacher, *Hist. de l'Église*, t. XIV, pp. 11 et 12 (7ª éd.)

Un mot, en passant, sur les deux jurisconsultes qui nous sont présentés comme favorisant « l'émancipation de la tutelle théologique ». Nous ne connaissons pas l'un d'eux ; mais nous connaissons et nos lecteurs connaissent sûrement l'autre, M. Saleilles, ancien élève de l'Université catholique de Paris, qui n'a jamais renié ses maîtres ni leur enseignement, et qui sera le premier surpris, dans la situation éminente qu'il occupe, de l'abus qu'on fait de son autorité.

III

Laissons de côté une affirmation qui dénote peu d'expérience du régime pénitentiaire. En parlant des maisons de correction, on loue les juges de Château-Thierry de leur méfiance. « Le condamner (un enfant) à être enfermé dans une maison de correction, c'est assurer sa perte définitive [1] ».

A l'appui de son dire, l'auteur citerait la pratique d'un magistrat selon son cœur, M. Séré de Rivière, ou même le rapport du Garde des Sceaux sur la justice criminelle en 1901, que son appréciation n'en vaudrait pas mieux. Qu'il se réfère aux discussions qui ont eu lieu à la Société des Prisons, à la circulaire adressée, en décembre 1903, à tous les magistrats par l'*Union des Sociétés de patronage de l'Enfance coupable*, qu'il lise aussi les observations d'un ancien professeur à la Sorbonne, qui a souvent enseigné à l'Université catholique, M. Henri Joly [2]. M. Joly a montré, là

---

1. P. 117, *Nouveaux jugements*, etc. Un esprit plus que paradoxal, Émile de Girardin, avait lui-même partagé le préjugé régnant et avait tenu le même langage que M. Magnaud. V. *L'homme et la femme*, p. 28, Lévy, 1872. L'erreur s'est d'ailleurs fréquemment produite.

2. V. *Enfance coupable*, p. 206. Lecoffre, 1904.

et ailleurs [1], ce qu'il serait permis d'attendre des maisons de correction privée si l'État ne leur faisait une guerre aussi acharnée que déloyale. A l'époque, M. Spronck, dans le Journal des débats [2], avait spirituellement critiqué un jugement de M. Magnaud, mais il lui avait donné raison relativement aux maisons de correction. Un jurisconsulte estimé, M. Passez, avocat à la cour de Cassation, rétablit les faits avec beaucoup de sens et de mesure [3]. En réalité, le placement dans une maison privée, sagement et surtout religieusement tenue, ne peut donner de mauvais résultats d'ensemble, surtout si on le combine avec le patronage, qui garde l'enfant quand il se conduit bien, et qui le menace de faire exécuter le jugement d'envoi en correction dans le cas où il se conduit mal.

La sûreté d'informations dont font preuve les amis du Président n'a d'égale que la franchise de leurs procédés. On va voir comment ils s'y prennent pour masquer les iniquités de leur protégé.

La presse honnête a été unanime à flétrir le jeu monstrueux de ces balances de justice qui penchent en faveur de la femme adultère et lui procurent le bénéfice d'un acquittement [4], tandis qu'elles pèsent de tout leur poids contre de vertueuses congréganistes, condamnées chacune à une amende de 100 fr. (le pain des pauvres) pour avoir enfreint la loi de 1901 sur les Associations [5]. Le biographe ne dissimule pas ce trait. Mais ce qu'il escamote, c'est la condamnation, plus odieuse encore, à quinze jours d'emprisonnement, outre mille francs d'amende, infligée sans sursis, ici comme là, à l'homme de cœur qui avait recueilli les

1. Réforme sociale, 1er février 1900. Cf. De la corruption de nos institutions, p. 125, par le même. Lecoffre, 1905.
2. N° du 3 novembre 1899.
3. Journal des débats du 14 novembre 1899.
4. Jugement du 6 février 1903, p. 80.
5. V. p. 170, jugement du 11 septembre 1903.

proscrites et leur avait permis de continuer, à la faveur d'une combinaison que l'on croyait légale, leur long apos- lat d'enseignement. Cet apostolat, l'indigne magistrat en laissait lui-même entrevoir le bienfait, car il mentionnait les *sympathies de la population* à l'égard des saintes ins- titutrices.

IV

Celui que M. Barboux a, un jour, qualifié d'un mot vengeur [1], n'est pas seulement un comédien de philanthro- pie. Sachons ce qu'il faut penser de ses sentiments au point de vue moral.

A le lire, nous apprenons que le manquement à la foi conjugale peut être « blàmable » en un bon nombre de cas, mais parfaitement admissible dans d'autres. Nous n'inven- tons pas. Voici le texte d'un de ses jugements [2]:

« Attendu que, si la constatation de l'adultère peut souvent être de quelque utilité...., la répression pénale de ce manquement à la fidélité conjugale, *moralement blà- mable en beaucoup de circonstances*, etc. »

Plus loin : « La prévenue n'a fait qu'obéir, dans sa détresse, à un mouvement tellement naturel qu'il en devient sinon légal, *du moins tout à fait légitime* [3]. » Elle avait demandé l'hospitalité à un tiers et ce tiers était le complice.

Il y a mieux. Dans un autre jugement nous lisons:

« Attendu que, en de semblables circonstances, l'adul- tère dont se plaignait l'un des époux (ils vivaient indiffé- rents et éloignés l'un à l'égard de l'autre) *se justifie- rait tellement par les exigences de la nature et la sen-*

---

1. « Le charlatan qui préside le tribunal de Château-Thierry ». (V. *Débats*, 19 avril 1904).

2. Il est du 6 février 1903. V. p. 81.

3. P. 82.

timentalité du cœur (ah ! qu'en termes galants ces choses-
là sont dites !) qu'il ne saurait être considéré, *si tant est
qu'il y ait faute*, comme celle d'un seul, permettant de
prononcer le divorce au profit exclusif de son conjoint,
mais bien comme une faute commune [1]. »

V

Au point de vue juridique le « charlatan » ne mérite pas
moins de fixer notre attention. Il s'est disculpé de tourner la
loi : « A un moment donné, on m'a accusé de me substituer à
la loi. Le tribunal de Château-Thierry n'a violé aucune loi,
et je mets au défi qui que ce soit de me présenter un jugement de ce tribunal qui soit rendu en violation de la loi.
Ah ! ce qu'il a violé, par exemple, et très ouvertement, c'est
la jurisprudence... »

Un peu plus loin : « M. Barthou me reprochait très aima-
blement et très courtoisement de me substituer à la loi. *Je
me suis jamais substitué à la loi, je le répète.* Je ne me
suis pas conformé aux jurisprudences établies et tellement
établies qu'on les prend pour la loi elle-même. Voilà
tout [2]. »

On va juger de la vérité de ces allégations.

Les questions ouvrières ne sont pas de celles qui font
naître le moins de difficultés légales. Mais il est des cas
simples, et de ce nombre était le suivant :

Un employeur avait congédié un moissonneur qui refu-
sait de travailler et qui excitait même ses camarades à la
résistance. Dans des motivés qui ne décident rien et qui
tournent autour de la question, le juge disculpe le
travailleur ou plutôt cet homme qui ne travaillait pas, et

1. Audience du 18 mars 1903, p. 96.
2. Séance du 28 décembre 1906 (J. off. du 29).

dans le dispositif il maintient le contrat de louage et con-
damne même le patron à des dommages-intérêts [1].

Rappelons une autre décision, également reproduite
dans le *Correspondant* [2]. dans laquelle M. Magnaud, écartant une demande d'enquête pour un divorce sollicité par
les deux parties, déclare que l'enquête est dangereuse par
sa publicité, offensante pour la morale et enfin inutile, et,
de fait, prononce le divorce *par consentement mutuel*.
quoiqu'il ne soit « pas encore inscrit dans la loi ».

Après les déclarations qu'on a lues, on comprend que
le Président désapprouve la répression pénale du délit
d'adultère et qu'il ait adressé une pétition à la Chambre
pour demander la réforme des articles 336 et s. de notre
Code [3].

En attendant qu'il réussisse auprès d'une législature de
laquelle on peut s'attendre à tout, voici comment il esquive
un texte formel et non encore abrogé [4].

« Attendu... qu'il s'agit de l'inobservation d'un des
engagements contractés devant l'officier de l'État civil.
aux termes duquel les époux se sont promis, notamment
par leur fidélité conjugale, de travailler à leur bonheur
commun.

« Que, en réalité, c'est une obligation « de faire » que
les époux contractent. et que, de même que toutes les obli-
gations de cette nature, son inexécution ne saurait compor-
ter que des dommages-intérêts et la rupture de ce contrat
purement civil. »

Vous avez bien lu. Le Code, quand il dit à une femme
mariée : « Vous n'aurez pas de commerce avec un tiers ».
pose une *obligation de faire*, et celle-ci ne peut s'analyser

1. V. *Correspondant*, l.l., p. 1111.
2. P. 1105.
3. V. p. 86, *Les nouveaux jugements*, etc.
4. Jugement du 6 février 1903, p. 81. Rapprochez-en une décision
plus récente, citée avec éloge dans le *Journal* du 18 décembre 1904.

que en dommages-intérêts. Pour avoir moins insulté au bon sens et à la légalité, nous savons des magistrats qui ont été soumis à des mesures disciplinaires.

En vérité, M. Magnaud n'avait pas besoin de briguer le mandat législatif. M. Charles-Benoît l'a caractérisé avec esprit : « le magistrat qui rend le législateur inutile [1] ».

Nous pourrions multiplier les exemples, nous pourrions citer de véritables âneries dans la bouche, sinon du Président, du moins du député actuel. A propos du casier judiciaire, et pour faire valoir l'utilité de le consulter avant sentence rendue, on lui représentait que la récidive change quelquefois la juridiction. Il répondit : « C'est pour le cas d'ivresse seulement [2]. » Ignore-t-il l'existence des articles 475.5° et 478.2° du Code pénal, relatifs aux jeux de hasards ? Ignore-t-il l'article 4 de la loi du 27 mai 1885 sur les récidivistes ? Est-il disposé à renoncer, lui, le sectaire sans scrupule, à l'application des art. 199.200 du Code pénal, traduisant en Cour d'assises, à la seconde récidive, et frappant d'une peine criminelle, de la détention, le prêtre qui célèbre un mariage religieux avant le mariage civil ?

VI

Une des plus plaisantes gasconnades de cet enfant de Bergerac est de se poser, comme d'ailleurs la *camarilla* à laquelle il est inféodé, en adepte de la liberté de conscience. Il veut [3] que « pour éviter toutes difficultés entre les parents, au sujet de l'éducation à donner à leurs filles, celles-ci soient confiées à un *établissement scolaire assurant la liberté de conscience* ». Et, « cette condition ne

1. V. la *Revue pénitentiaire*, novembre-décembre 1905, p. 1339.
2. Séance du 28 décembre 1906 (J. off. du 29).
3. V. le jugement du 16 juillet 1902, p. 90). *Les nouveaux jugements*, etc.

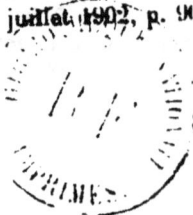

pouvant être efficacement réalisée, selon lui, que *dans un établissement laïque, c'est sur le choix d'un de ces établissements* que devront s'entendre les parties; faute de quoi il serait statué sur ce par voie de référé ».

Laissons de côté l'étrange abus qu'il fait de la simplicité vraisemblable des parents pour leur imposer, à peu de chose près, une éducation selon son goût. Bornons-nous à rapprocher de ce respect pharisaïque de la *liberté de conscience* à l'égard d'enfants dont, en réalité, *la conscience* est encore à former et dont l'esprit doit être initié pour cela aux enseignements de la Religion, rapprochons-en un fait caractéristique.

Deux époux : l'un demande le divorce, l'autre, par scrupule de conscience, la séparation de corps seulement. Que fait le jugement ? Vous y verrez [1] que la femme était absolument en droit d'obtenir la séparation, les faits étant reconnus probants. Néanmoins le juge prononce le divorce. Pour le disculper de toute illégalité, on fera remarquer que la partie adverse réclamait le divorce et que la sentence proclame « les torts respectifs des époux ». Mais il est permis de se demander, quand on la lit, si ces torts existaient du côté de la femme et si le juge ne table pas uniquement sur le désir réciproque qu'avaient les deux époux de cesser la vie commune, argument principal à ses yeux, en attendant la consécration légale du divorce par consentement mutuel. Si, en faisant cette induction, nous pénétrons exactement sa pensée, l'iniquité est flagrante et le scandale de la décision se résume en ceci :

Quand il s'agit de respecter la prétendue liberté de conscience d'un enfant qui n'a encore et ne peut avoir aucune exigence, M. Magnaud fait bonne garde. Mais, qu'il s'agisse de donner satisfaction aux scrupules d'une femme

1. La date est le 3 février 1903, p. 91.

mûre, sachant ce qu'elle veut, repoussant la dissolution absolue du lien conjugal parce que sa conscience de catholique y répugne, le Président estime qu'il n'y a rien à ménager. C'est que l'attitude de la plaideuse lui est imposée par « l'influence néfaste (le mot *funeste* suffit aux lettrés) de personnes vouées au célibat et n'ayant pour tout foyer que celui des autres ».

Qu'entend-il par *foyer* et en fait-il, dans son patois, le synonyme de *famille* ? Il le semble. Pour n'avoir pas de foyer, il faudrait que tous les membres du clergé vécussent à l'hôtel ou chez leurs amis, et nous ne voyons pas comment M. Magnaud, patron attitré des vagabonds et des mendiants, pourrait leur en faire un reproche [1].

Quant au fait de n'avoir pas de famille, le juge a peut-être lu Lamennais, mais nous ne savons s'il l'a compris. Celui-ci lui aurait appris, si nous avons bonne mémoire, que, lorsque le prêtre renonce à la paternité physique, c'est pour embrasser une paternité plus haute. M. Royer-Collard est à citer aussi. Il a une page instructive sur ce que récoltait de mépris le clergé marié, sous la Révolution.

« En 1793, les hommes de mon âge ont vu la philosophie du temps, aidée de la Terreur, marier quelques prêtres. Quels étaient ces prêtres, quelles étaient leurs femmes ? Le peu qui reste aujourd'hui de ces unions honteuses est encore sous la réprobation publique... Le prêtre marié montant à l'autel ferait horreur à notre peuple catholique et... l'indignation publique le déclarerait bien vite incapable et indigne du sacerdoce [2].

Michelet n'est pas moins catégorique :

«Voilà le chef-d'œuvre du christianisme: l'individua-

1. L'acquittement du mendiant Chiabrando fut un de ses premiers exploits.
2. *La vie politique de M. Royer-Collard*, par M. de Barante, 2ᵉ éd., t. II, p. 529, Didier, 1863.

lité et les petites passions disparaissent devant les besoins spirituels et corporels de tous les hommes... De là la grande conséquence du célibat des prêtres [1] ».

VII

Nous pourrions prolonger indéfiniment ce pénible examen. Nous pourrions demander s'il n'est pas vraiment bouffon, de la part d'un jurisconsulte, de refuser d'appliquer la disposition du Code relative à la semi-interdiction du prodigue, en soutenant qu'elle met en péril le principe de la propriété et doit être écartée comme entravant la circulation des biens [2] ? N'est-il pas bouffon de prétendre que le Conseil judiciaire convient de préférence aux avares, et cela sous la même préoccupation économique ? Il a fallu l'oblitération du sens moral de Waldeck-Rousseau pour défendre, dans l'affaire Lebaudy, en 1893, la coupable thèse que liberté doit être laissée aux mineurs de se ruiner. S'il y a quelque part à placer le sentiment de la commisération, de l'assistance envers les faibles, sentiments dont se targue le Président d'honneur du congrès de l'Humanité [3], n'est-ce pas quand il s'agit de soustraire tant de malheureux adolescents à la pire des tyrannies, celle des passions?

Nous n'en finirions pas si nous voulions relever les frasques judiciaires de ce novateur, qui, dans sa présomptueuse confiance en lui-même, se constitue l'arbitre du droit et ne paraît pas se douter des dangers résumés dans le cri célèbre . « Dieu nous délivre des juges d'équité ! ». Enten-

---

1. *Lettre sur l'histoire de la Réforme en Angleterre*, p. 3.
2. V. p. 219, audience de février 1903 : « Attendu que la prodigalité reprochée à X... fût-elle démontrée, la dation d'un Conseil judiciaire ne saurait être accordée par le tribunal, etc. »
3. Tenu à Paris en 1900, lors de l'Exposition universelle.

dons-le, dans son discours à la Chambre : « Le tribunal de Château-Thierry... s'est toujours dit que le législateur ne peut avoir eu qu'une pensée équitable et que, si un texte, à l'apparence, semble conduire à une iniquité, il est incontestable que ce n'est pas cette iniquité qu'a voulue le législateur. Il faut donc toujours que le juge, *sans plus se soucier du droit juridique*, marche hautement dans la voie de l'équité » (Très bien ! très bien ! à l'Extrême Gauche.)

Il est permis de suspecter la sincérité d'un tel langage, qui fournit un prétexte commode pour tourner la loi en toute occasion. Il est surtout permis de le faire, en consultant des décisions de M. Magnaud où, nous l'avons montré, l'iniquité déborde. Une imposture flagrante est notamment à relever dans la bouche du chevalier ès-lois, paladin de dame Équité.

A la tribune, il s'est flatté d'avoir, depuis dix-neuf ans, anticipé, en pratique, sur la circulaire du mois de décembre 1906, recommandant de ne pas lire publiquement, à l'audience, le casier judiciaire. L'idée que la Société n'a pas le droit de rappeler une condamnation déjà subie, idée que M. Brieux a développée dans son drame la *Robe rouge*, a pour adepte convaincu, paraît-il, M. Magnaud. Or, il ne s'est trouvé personne à la Chambre (il est vrai que l'orateur parlait au milieu de l'inattention générale) pour lui rappeler que, dans un de ses jugements tapageurs et perfides, il a reproduit deux casiers judiciaires touchant à des absents qui n'étaient pas en cause et pour lesquels son procédé constituait une véritable diffamation [1].

VIII

Nous en aurons fini avec la tâche de démasquer un magistrat qui a fait honte à la magistrature si nous relevons

1. *Correspondant*, pp. 1108, 1109.

les gentillesses de style qui émaillent ses discours et ses
jugements. Ne parlons pas de ses insinuations basses, de
son argot sottisier, de ce ton qui rappelle le mot de
J. de Maistre : « L'irréligion est canaille. » Bornons-
nous à noter les fautes de français. Nous aurons assez à
faire.

Quand une femme-avocat est venue plaider, pour la
première fois. au tribunal de Château-Thierry, le patron du
logis a voulu *passer pour galant*. mais il a tenu aussi à faire
une déclaration de principes [1]. « Madame, je dis Madame.
estimant qu'à l'égard de la femme-avocat. nouvelle venue
à la vie judiciaire, il y a lieu de supprimer toute appella-
tion *préhistorique* (en quoi consiste ce préhistorique ? c'est
un rébus que nous ne nous chargeons pas de deviner [2]. le
tribunal de Château-Thierry applaudit toujours énergique-
ment à tout acte. toute mesure tendant à émanciper la
femme et à l'arracher de la sorte *aux griffes de l'obscurantisme*. ainsi que ses enfants et parfois même leur père. par
voie de conséquence. »

Il aurait parlé des *ténèbres* de l'obscurantisme. la méta-
phore eût été admissible. Il n'y aurait eu d'offensés que les
convenances et le bon sens.

Ailleurs, le Président nous signale la fermeture des
Écoles congréganistes comme une véritable mesure
prophilactique (sic) [3]. au point de vue intellectuel. Peut-

1. Audience du 21 février 1901. V. p. 107. *Nouveaux jugements*.
etc.
2. Ce français ridicule est habituel au magistrat. Dans une décision rapportée par le *Correspondant*. p. 1108. il qualifie de « préhis-
toriques » les opinions politiques d'un journal local qui n'a pas ses
faveurs. tandis qu'un autre publiciste. qui a la primeur de ses élucu-
brations, recueille ce compliment. qu'il est « nettement républicain.
c'est-à-dire exempt de toute compromission et alliance avec le
cléricalisme ».
3. V. p. 165, jugement du 22 mars 1901.

être cette réforme de l'orthographe, qui ne surprendrait pas chez ce réformateur intrépide, est-elle le fait du transcripteur. Mais, s'il y a un doute sur ce point, il ne peut y en avoir sur la phrase suivante : « Toutes les fois qu'une loi ne *remplit pas le but* qu'elle se propose [1]... » Le verbiage, les impropriétés de mots, le galimatias ne se comptent pas sous la plume du rédacteur. Il nous parle, dans le jugement fameux du 1er septembre 1903 [2], de Supérieur « enjoignant à des congréganistes de se mettre en *souterraine* insurrection contre la loi. » A propos d'un procès-verbal et de celui qui l'a dressé il signale « une garde *par trop excessive* [3] ». Au sujet d'un accident du travail, il s'exprime ainsi [4] : « Attendu... qu'il convient de mettre promptement un terme, surtout pour les faibles et les déshérités, à cette sorte de *sport juridique* qui consiste, grâce aux subtilités et arguties de la procédure, à *semer d'obstacles la route de la justice.* » Cette élégante comparaison lui a été suggérée, sans doute, sur le champ de course, où les journaux parisiens signalent de temps en temps sa présence. Car M. Magnaud aime les chevaux et fait, dit-on, courir. Plût à Dieu qu'il ne fît pas de maquignonnage dans ses jugements !

Nous avons dû faire une *exécution* consciencieuse de ce nouvel Aristide, que l'on est fatigué d'entendre appeler le *juste*, et dont le nom sert de réclame aux plus dangereuses innovations. Dans cette ingrate besogne, nous rencontrerons deux sortes de désapprobateurs.

Les uns nous diront : Vous donnez par ces attaques un regain de popularité à une individualité qu'il faudrait laisser tomber dans l'oubli. Le ridicule tue en France. Il fera promptement justice de l'œuvre de M. Magnaud.

1. V. p. 210.
2. V. p. 176.
3. V. p. 196.
4. V. p. 133, jugement du 25 octobre 1900.

A quoi il est permis de répondre que le nombre des gens d'esprit baisse malheureusement tous les jours. Pour un fin appréciateur comme M. Barboux, comptez combien de dupes a fait le « bon juge », combien de rusés compères, sachant l'incurable sottise du public, ont exploité auprès de celui-ci la renommée du prétendu philanthrope.

D'autres nous trouveront trop sévère. Ils ne stigmatiseront pas, comme M. Barboux, l'homme qui a transformé le prétoire de la justice en baraque foraine. Ils diront, comme le critique qui signe l'*ancien magistrat* dans le *Correspondant* [1]. « Il y a en lui deux hommes bien distincts. Il y a *le juge bien intentionné qu'égare un peu* quelquefois sa chaude sympathie pour les humbles : à celui-là il faut pardonner beaucoup. Mais il y a aussi l'homme de parti, le sectaire, qui, fort de son inamovibilité, à l'abri de ses fonctions, fait de ses jugements un prétexte à polémiques, de son siège une tribune d'où il menace et écrase quiconque professe des opinions différentes des siennes, déchaîne les passions et pousse, sans s'en douter, je le veux bien, à la guerre des classes. »

Hélas ! les condamnations prononcées, contrairement à toute justice et toute pitié, contre d'humbles Religieuses, contre des gens de cœur dévoués au pauvre peuple, nous montrent que le second des hommes signalés en M. Magnaud a singulièrement absorbé le premier. Mais le premier même existe-t-il ? Y a-t-il dans le Président un ami sincère des souffrants et des petits ? Nous ne croyons pas à la philanthropie maçonnique.

Les sectaires n'ôteraient pas aux nécessiteux leur dernière consolation, la seule assurée, l'espoir des récompenses chrétiennes, s'ils compatissaient aux maux de la foule et s'ils pouvaient dire avec sincérité : *Misereor super turbam*. Ils trompent le peuple et, peut-être, pour s'étour-

1. V. p. 1111.

dir sur leur propre inhumanité, se trompent-ils eux-mêmes. *Iniquitas mentita est sibi.* Telle est notre conviction. Pour M. Magnaud, en particulier, ceux qui seraient tentés de nous taxer d'exagération seront frappés d'un fait qui, de la part de ses amis, équivaut à un désaveu.

Les journaux annonçaient, le 9 septembre 1905, que le ministre de la guerre, M. Berteaux, avait accordé au Président, qui suivait les manœuvres comme commandant d'état-major, la rosette d'officier, comprise dans la promotion de la Légion d'honneur du 14 juillet, *au titre de la Réserve.*

Si Ingres, amateur de violon, avait été décoré pour sa dextérité à manier l'archet, si George Sand avait reçu la croix pour son habileté à préparer les confitures, le public aurait pensé que l'on n'avait pas osé les reconnaître, Ingres pour un grand peintre, George Sand pour un écrivain de talent. Après une assez longue carrière judiciaire, la distinction accordée à M. Magnaud, *militaire,* prouve si l'on est embarrassé et si l'on a honte de M. Magnaud *magistrat* [1]. Sous la forme d'une récompense, le public verra ici un blâme. Hélas ! nous n'avons que trop montré s'il est mérité.

1. On nous objectera peut-être que, si l'ancien Président a été promu au titre militaire, c'est pour lui assurer le bénéfice d'une allocation à beaux deniers comptants. Nous croyons ménager davantage son amour-propre en écartant cette explication.

MACON, PROTAT FRÈRES, IMPRIMEURS.

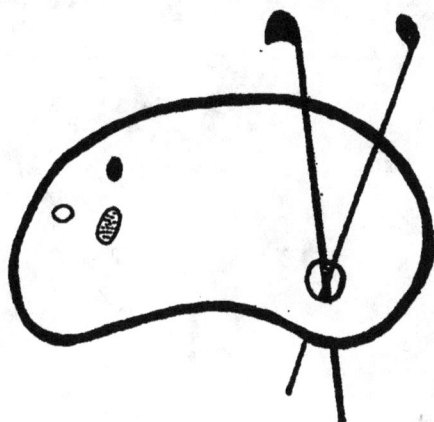

ORIGINAL EN COULEUR
NF Z 43-120-8

BIBLIOTHÈQUE
NATIONALE

CHÂTEAU
de
SABLÉ
1991

www.ingramcontent.com/pod-product-compliance
Lightning Source LLC
Chambersburg PA
CBHW060752280326
41934CB00010B/2463